CAHIER **PARCOURSUP**

Êtes-vous fait pour des études de **STAPS** ?

JEAN-BAPTISTE GUÉGAN

Studyrama

ATTENDUS NATIONAUX

Disposer de compétences scientifiques

Les études en STAPS comportent en effet des enseignements scientifiques pluridisciplinaires (sciences de la vie, sciences humaines et sociales). Les étudiants doivent être en mesure d'assimiler ces contenus et de construire un raisonnement à partir de concepts scientifiques.

Savoir mobiliser des compétences en matière d'expression écrite afin de pouvoir développer un raisonnement argumenté

Les études en STAPS demandent en effet fréquemment aux étudiants de rédiger des documents de synthèse ou des mémoires et d'en assurer la présentation orale. Par ailleurs, de nombreux étudiants s'orientent vers la présentation de concours, dans lesquelles les compétences rédactionnelles sont essentielles. Il s'agit donc de pouvoir argumenter, construire un raisonnement, synthétiser des informations.

Disposer de compétences sportives

Les études en STAPS comportent une part importante de pratique sportive. Il semble donc nécessaire au préalable, en tant que pratiquant, de posséder une expérience régulière et diversifiée dans les activités physiques et sportives.

Manifester de l'intérêt pour l'exercice de responsabilité collective, associative ou citoyenne

Le domaine professionnel auquel préparent les études en STAPS renvoie en effet majoritairement aux métiers de l'enseignement, de l'éducation, de l'entraînement, de l'accompagnement des personnes ou de la réhabilitation, dans lesquels l'intervenant est responsable de la sécurité du public qui lui est confié, et garant de l'éthique et des valeurs qu'il transmet. De ce fait, l'exercice préalable de fonctions d'animation, d'encadrement, de responsabilités collectives, associatives ou citoyennes constitue un atout.

LES ATTENDUS RETENUS POUR ENTRER EN « STAPS ».

Ces attendus décrivent les compétences favorables à la réussite en Licence STAPS. Ils ne sont pas hiérarchisés, les compétences étant toutes considérées d'égale importance. Comme il y a plusieurs manières de réussir en STAPS, un attendu faiblement développé peut être compensé par d'autres.

Vous venez de décrocher votre baccalauréat et vous vous lancez dans le sport.

Prenez votre dé à 6 faces et découvrez le parcours sportif qui vous attend pour terminer vos études. Attention aux blessures !

Licence 2 – 3e semestre

us avez bien travaillé TD et vous maîtrisez 'art de l'*uchi-mata*.

Vous pouvez avancer d'une case.

Soirée de fin d'année avec le BDE STAPS. Profitez-en !

Bravo ! Vous obtenez votre L1.

Avancez d'une case pour commencer votre L2.

Stade de France

Vous avez acheté *Géopolitique du sport, une autre explication du monde*. Bon investissement !

Vous pouvez avancer d'une case.

Licence 1 – 2e semestre

Félicitations ! Vous êtes un·e as en « sociologie et psychologie du sport ».

Vous ne maîtrisez pas les fondamentaux en motricité et physiologie.

Reculez de trois cases.

Bravo ! tre L2 est validée.

vancez d'une case our poursuivre en L3.

Licence 3 – 5e semestre

Vous savez différencier marketing du sport et économie du sport. Ne lâchez rien !

L'heure est à l'entraînement. Le ballon s'il vous plaît.

Vous hésitez dans votre orientation en master. Poursuivez votre réflexion.

Avancez d'une case.

Vous discutez en plein five de la meilleure filière énergétique. Vous avez le sport dans la peau.

Vous maîtrisez l'organisation du sport français, ce n'est pas donné à tout le monde aujourd'hui !

Licence 3 – 6e semestre

MASTER

L'entrée dans le master de votre choix n'est pas un dû. Elle est liée à la qualité de votre dossier, à la cohérence de votre parcours et à la construction de votre projet professionnel. Renseignez-vous et réfléchissez à la filière qui vous offrira les meilleures opportunités pour exercer votre passion.

Faire un master, c'est choisir une voie professionnelle qui vous engage et vous ouvre les portes d'un métier, d'un domaine d'activité, ou qui vous invite à poursuivre jusqu'au doctorat afin de devenir enseignant-chercheur.

Maintenant, il est temps de découvrir ce que des études en filière sport peuvent vous apporter.

Step by Staps

UNE CERTAINE **VISION DU SPORT**

À vous de trouver

Le sport est riche de différentes facettes. Il a inspiré les écrivains et les intellectuels. Il a aussi fait connaître au plus grand nombre des coachs ou des grands sportifs.

Mettez en correspondance la citation et son auteur pour comprendre que le sport ne se limite pas à la seule pratique physique et au jeu.

1
« Le sport consiste à déléguer au corps quelques-unes des vertus les plus fortes de l'âme : l'énergie, l'audace, la patience. C'est le contraire de la maladie. » ☐

2
« Si les Français savaient le rôle de l'intelligence et de volonté, la part de l'esprit et de caractère dans la plupart des sports ; avec quel entrain ils y pousseraient leurs enfants ! » ☐

3
« Le sport est une école de dignité ; la compétition, pour la seule gloire d'exceller, est une école d'honneur. » ☐

4
« Le sport est dépassement de soi. Le sport est école de vie. [...] Donner, recevoir, partager : ces vertus fondamentales du sportif sont de toutes les modes, de toutes les époques. Elles sont le sport. » ☐

5
« Pratiqué avec sérieux, le sport n'a rien à voir avec le fair-play. Il déborde de jalousie haineuse, de bestialité, du mépris de toute règle, de plaisir sadique et de violence ; en d'autres mots, c'est la guerre, les fusils en moins. » ☐

6
« L'important dans la vie, ce n'est pas le triomphe mais le combat ; l'essentiel n'est pas d'avoir vaincu mais de s'être bien battu. L'important dans ces olympiades, c'est moins d'y gagner que d'y prendre part. » ☐

- ○ **a)** Jean Giraudoux, *Le Sport*, Hachette, 1928.
- ○ **b)** Pierre de Coubertin, *Notes sur le football*, 1897.
- ○ **c)** Georges Orwell, (1903-1950), de son vrai nom Eric Arthur Blair, écrivain, essayiste et journaliste britannique.
- ○ **d)** Maurice Druon, discours prononcé à l'occasion de la remise des prix de l'Académie des sports à l'Institut de France, 19 mars 1996.
- ○ **e)** Pierre de Coubertin, déclaration du 24 juillet 1908 à l'occasion des JO de Londres.
- ○ **f)** Aimé Jacquet, ancien joueur et sélectionneur de l'équipe de France de football championne du monde en 1998.

LE SPORT AUJOURD'HUI

Le sport est pluriel

Il recouvre des dimensions toujours plus complexes.

À vous de trouver, parmi ces mots croisés, ceux qui définissent le mieux l'activité sportive aujourd'hui.

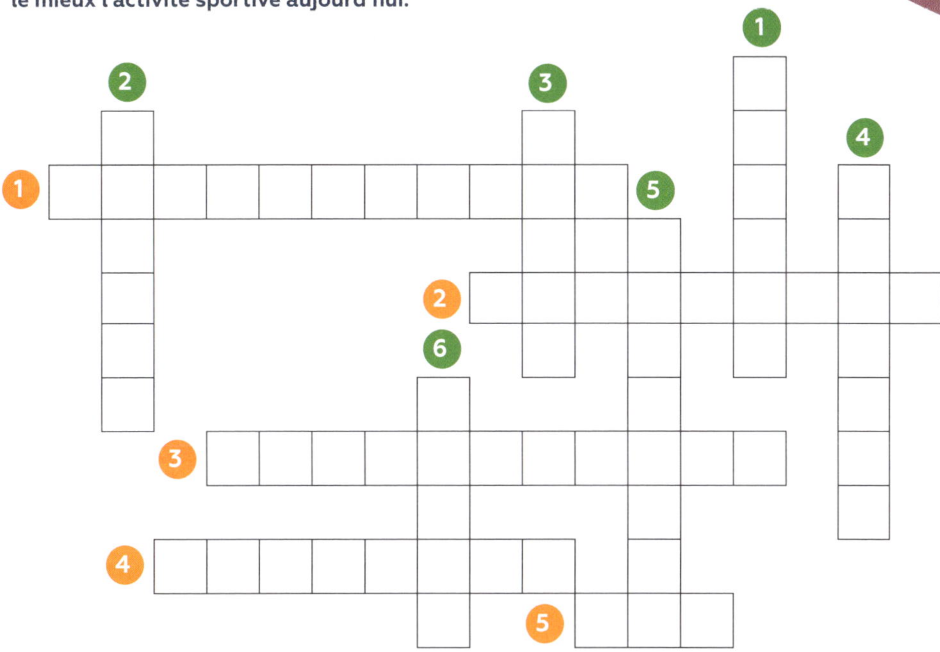

Horizontal

1) Le jeu appelle une opposition.
2) Le sport se pratique mais peut aussi se regarder.
3) Ce sont elles qui organisent le sport.
4) Le sport se constitue en récit et s'organise en palmarès.
5) C'est le propre du sport.

Vertical

1) Ils en parlent, ils le diffusent et le commentent.
2) C'est ainsi qu'on le pratique le plus.
3) Sans lui, pas de sport.
4) Le sport en regorge, c'est un moyen d'éduquer et d'émanciper.
5) L'argent est le nerf de la guerre.
6) Tout sport demande des règles et des lois.

LA MYTHOLOGIE ET LE SPORT

Sois le dieu du sport

Choisissez la bonne réponse pour montrer à quel point vous êtes un dieu du sport et de son histoire.

1. Quel dieu est le plus rapide ?

a) Hermès
b) Zeus
c) Hercule
d) Thor

2. Quel est le nom de l'athlète qui donna son nom au marathon ?

a) Michel Bréal
b) Marathon
c) Philippidès
d) Podalydès

3. Quelle est la montagne où se retrouvent les dieux grecs et qui symbolise nos Jeux ?

a) Le mont Sainte-Hélène
b) L'Everest
c) L'Olympe
d) Le mont Ararat

4. Quel était le site historique de l'olympisme en Grèce au VIIIe siècle avant J-C. ?

a) Olympie
b) Disneylandie
c) Delphes

5. Avec les Jeux olympiques, les Grecs organisaient-ils d'autres Jeux panhelléniques ?

a) Les Jeux asiatiques, les Jeux méditerranéens et les Jeux kabbalistiques
b) Les Jeux de Delphes (Jeux pythiques), les Jeux de l'Isthme (Jeux isthmiques) et les Jeux de Némée (Jeux néméens)
c) Les Jeux de Nazareth et de Sparte
d) Les Thermopyles

6. Quand ont eu lieu les premières olympiades durant l'Antiquité ?

a) 776 avant J-C
b) 2234 avant J-C
c) 79 avant J-C
d) 222 après J-C

7. Quel Dieu était honoré à Olympie lors des Jeux ?

a) Apollon
b) Zeus
c) Hermès
d) Socrate
e) Cronos

8. Qui a découvert le site d'Olympie en 1766 ?

a) Le voyageur anglais Richard Chandler
b) L'archéologue et historien Ernst Curtius
c) Louis-François-Sébastien Fauvel
d) Bernard de Montfaucon

9. Quand eurent lieu les premiers Jeux olympiques de l'ère moderne ?

a) 1894
b) 1896
c) 1900
d) 1893

LE STADE, LIEU DU SPORT ET DU SPECTACLE SPORTIF

Méli, mélo

Le stade est le lieu du sport par excellence, là où la performance se construit, là où le spectacle naît. Sans stade on ne pourrait pas parler de la même manière du sport !

Trouvez les 10 mots cachés dans cette grille.

SUPPORTEURS • ULTRAS • FÊTE • SPECTACLE • SPORTAINMENT • CONNECTÉ
HOSPITALITÉS • PASSION • TÉLÉVISION • CHAMPION

E	B	C	N	O	O	S	S	Q	H	O	S	N	Y	P	E
A	U	F	L	Z	I	U	P	I	O	B	B	F	D	S	W
X	S	E	T	D	N	P	E	S	S	Y	Y	C	I	B	L
U	P	N	E	V	Y	P	C	C	P	B	M	I	D	C	K
U	L	T	R	A	S	O	T	U	I	U	Z	P	E	C	Z
O	E	P	P	Y	O	R	A	N	T	P	E	E	I	W	P
U	L	C	E	Q	Y	T	C	R	A	J	O	T	C	Y	B
Z	I	H	C	I	V	E	L	F	L	G	F	P	E	A	J
O	Y	A	A	H	R	U	E	T	I	A	U	E	H	V	Q
W	M	M	F	I	I	R	X	E	T	A	L	Y	N	E	N
E	U	P	U	A	V	S	Y	E	E	N	P	P	E	M	F
X	A	I	V	L	K	N	E	I	S	B	Y	H	C	Z	E
M	Q	O	S	P	O	R	T	A	I	N	M	E	N	T	T
C	L	N	O	Y	T	U	R	G	A	D	M	M	P	I	E
F	U	H	S	A	R	Z	H	P	A	S	S	I	O	N	N
C	O	N	N	E	C	T	E	L	E	V	I	S	I	O	N

MUSCLEZ VOTRE JEU !

Encore un peu de vocabulaire

Le sportif sollicite ses muscles.

Mettez à leur place les différentes composantes d'un muscle squelettique.

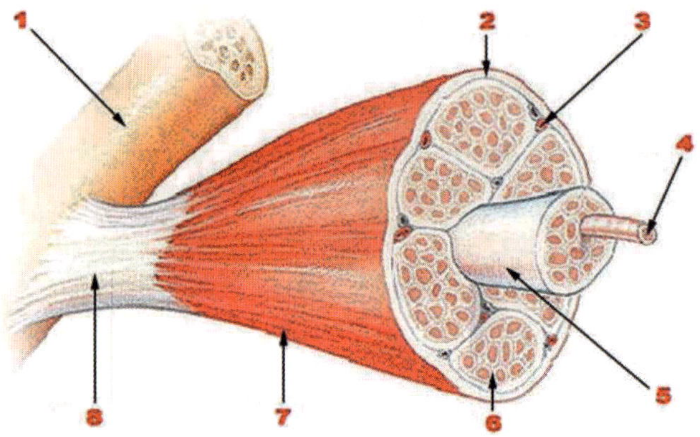

...... Tendon

...... Faisceau

...... Épimysium

...... Vaisseau sanguin

...... Périmysium

...... Endomysium

...... Fibre

...... Os

Quizz

Répondez aux questions suivantes en choisissant la (ou parfois les) bonne(s) réponse(s).

1. Les plaquettes :

a) nous protègent contre les infections et le cancer.

b) jouent un rôle dans la formation d'un caillot.

c) jouent un rôle dans la coagulation du sang.

2. La scapula est un os :

a) plat.

b) long.

c) court.

3. Pour arriver à la flexion de l'avant-bras, il faut que :

a) le biceps se contracte et le triceps se relâche.

b) le biceps et le triceps se contractent.

c) le biceps et le triceps se relâchent.

d) le triceps se contracte et le biceps se relâche.

4. Un ligament :

a) unit un muscle et un os.

b) unit deux os entre eux.

c) est un genre de tendon.

d) est constitué de cellules contractiles.

5. Le rôle d'une articulation est de :

a) protéger les muscles.

b) relier les muscles entre eux.

c) permettre le déplacement des os.

d) maintenir les ligaments.

6. Pour mettre en mouvement un membre :

a) les tendons se contractent pour exercer une force qui fait jouer une articulation.

b) un muscle et un tendon se contractent pour faire jouer une articulation.

c) les tendons tirent sur le muscle qui fait jouer une articulation.

d) un muscle se contracte et exerce une force sur les tendons, ce qui fait jouer une articulation.

RESPIRE, RESPIRE !

Inspirez...

Pour comprendre les mécanismes de l'inspiration et de l'expiration lors de la respiration, légendez le schéma de l'appareil respiratoire en reprenant les termes proposés à droite.

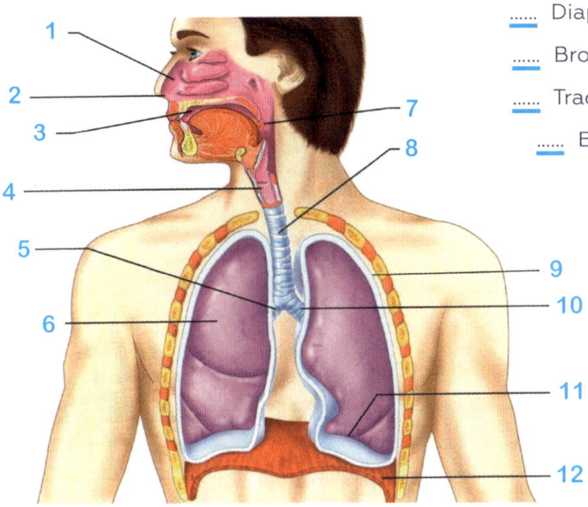

...... Diaphragme
...... Bronche principale gauche
...... Trachée
...... Base du poumon gauche
...... Bronche principale droite
...... Cavité buccale
...... Larynx
...... Poumon droit
...... Pharynx
...... Cavité nasale
...... Plèvre
...... Narines

Expirez...

Identifiez les phases d'inspiration et d'expiration (1, 5) puis qualifiez les mouvements du diaphragme et de la poitrine (2, 3, 4, 6, 7, 8).

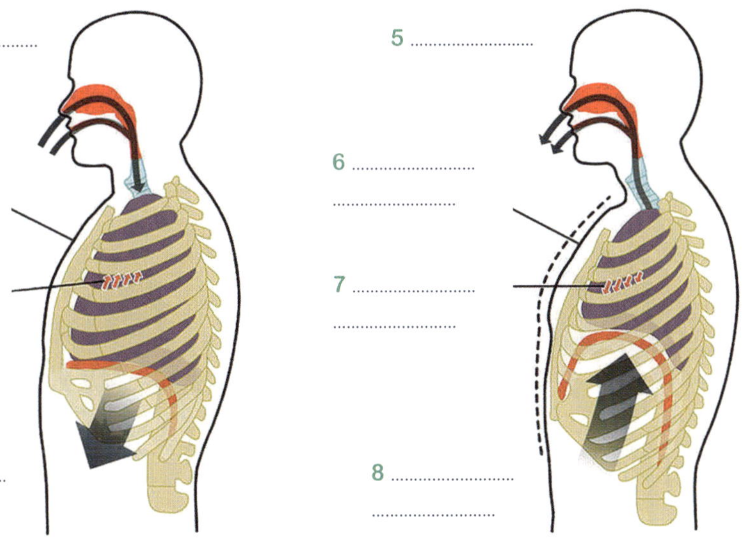

1 ....
2 ....
3 ....
4 ....
5 ....
6 ....
7 ....
8 ....

STRENGTHEN IN NUMBERS

Qui sur le podium ?

Pour vérifier que vous êtes incollable en champions, répondez aux questions suivantes. Les réponses sont en pages 28-29, mais soyez fair-play, ne trichez pas !

Usain Bolt

Wilt Chamberlain

Zinédine Zidane

Florence Griffith-Joyner

Eliud Kipchoge

Phil Jackson

Klay Thompson

Wayde van Niekerk

Paula Radcliffe

Michael Jordan

LeBron James

Michael Phelps

1. Quels sont les records du monde du 100 mètres ?
2. Quel est le record du monde du 400 mètres hommes ?
3. Quels sont les records du monde du marathon ?
4. Combien de médailles olympiques Michael Phelps a-t-il décrochées dans sa carrière ?
5. Quel est le record de points marqués en NBA sur un match par un joueur et qui est-il ?
6. Quel est le record de trois points marqués en NBA sur un match ? Qui en est le détenteur ?
7. Combien de bagues de Champion NBA pour Michael Jordan ?
8. Combien de bagues de Champion NBA pour Phil Jackson ?
9. Combien de bagues de Champion NBA pour LeBron James ?
10. Quel club a le plus gagné la Ligue des champions de football ?
11. Quel entraîneur a le plus gagné la Ligue des champions ?

LE SPORT, OPIUM DU PEUPLE ?

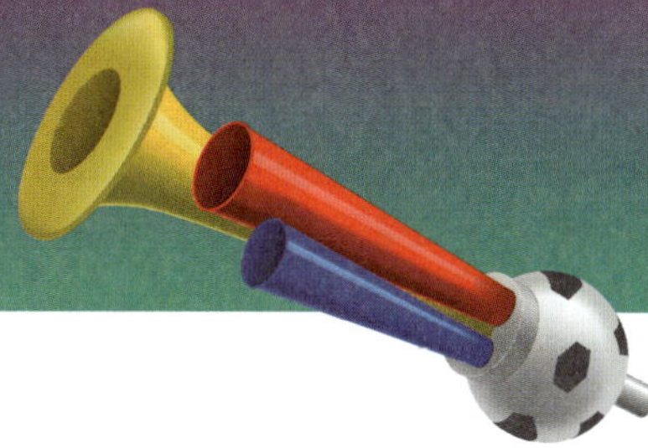

Top 10 des fans de foot

« Vous pouvez changer de femme, de religion, d'opinion politique...
Mais vous ne pouvez pas changer d'équipe de football préférée. » Éric Cantona.

Trouvez quelle équipe de football enregistre le plus important nombre de supporters en reliant par un trait les équipes à leur bon nombre de fans.

1. **Nice**	a) 32 681 supporters
2. **Bordeaux**	b) 23 000 supporters
3. **Marseille**	c) 10 632 supporters
4. **PSG**	d) 19 449 supporters
5. **Strasbourg**	e) 14 500 supporters
6. **Lille**	f) 33 000 supporters
7. **Saint-Étienne**	g) 10 500 supporters
8. **Caen**	h) 16 076 supporters
9. **Metz**	i) 14 507 supporters
10. **Lyon**	j) 11 000 supporters

La tête à l'envers ?

Les sociologues se sont intéressés au sport. **En complétant ces deux extraits par les mots manquants, vous constaterez que le sport peut diviser jusqu'aux sociologues !**

Ces textes n'ont pas été écrits à la même période et le sport a évolué en 27 ans.

« La plupart des ________ proposent des mesures pour se protéger contre ces ________ qu'elles créent ________. Dans les sociétés ayant atteint un ________ relativement avancé de ________ [...] il existe une grande variété d'activités de ________, dont le ________, qui a précisément cette ________. »

Norbert Elias & Éric Dunning, *Sport et civilisation. La Violence maîtrisée*, Fayard, Paris 1986.

a) fonction / b) loisir / c) niveau / d) sport / e) sociétés humaines / f) tensions / g) elles-mêmes / h) civilisation

« [...] Les affrontements sportifs, surtout en ________, dopés par les enjeux ________ ________ et exacerbés par les ________ nationales ou régionales, débouchent de plus en plus fréquemment sur de graves ________ de ________ sur les terrains (injures racistes, agressions délibérées, blessures) et sur des débordements ________ dans les gradins et autour des stades. Il suffit de suivre attentivement la chronique des ________, ________, bagarres, ________, émeutes liées au football, pour comprendre qu'il ne s'agit plus d'un ________, mais bel et bien d'une forme de ________ ou de ________. »

Jean-Marie Brohm, « Le spectacle sportif, une aliénation de masse », *Mediapart*, avril 2013.

a) actes / b) football / c) échauffourées / d) violences / e) "jeu" / f) incidents / g) financiers / h) extravagants / i) haine militante / j) rivalités / k) criminels / l) guerre civile / m) provocations

MÉDIAS ET ÉMISSIONS DE SPORT EN FRANCE

Micmac à la rédaction

Trouvez dans la grille suivante les principaux médias et émissions sportives.

- ECOFOOT
- PARISUNITED
- RMCSPORT
- BEINSPORT
- SOFOOT
- AFTERFOOT
- TELEFOOT
- LESSPORTIVES
- NBAEXTRA
- FRANCEFOOTBALL
- TURBO
- STADE2
- TOUTLESPORT

B	H	O	H	Q	U	R	X	Z	F	G	E	N	I	E	M	I
D	E	E	T	O	S	W	I	Y	R	K	C	E	E	G	A	Y
E	H	I	I	E	T	K	P	X	A	L	O	K	N	U	T	G
N	O	M	N	E	I	E	Z	E	N	E	F	T	T	D	M	N
H	B	E	M	S	N	A	N	C	C	S	O	Z	T	O	E	Q
P	S	A	U	I	P	O	S	X	E	S	O	H	K	Y	B	R
A	F	T	E	R	F	O	O	T	F	P	T	N	I	Y	A	K
R	T	P	E	X	A	C	R	L	O	O	R	A	A	E	Z	L
I	U	A	R	U	T	J	R	T	O	R	R	S	D	J	P	O
S	R	X	J	M	A	R	R	A	T	T	F	I	U	E	Q	W
U	B	S	T	I	C	A	A	I	B	I	E	I	T	Q	2	U
N	O	A	U	Y	F	S	U	C	A	V	E	S	S	S	E	U
I	A	P	A	U	Q	O	P	Q	L	E	U	M	O	O	Q	P
T	E	L	E	F	O	O	T	O	L	S	Z	F	X	F	H	P
E	E	J	Z	E	L	L	X	K	R	O	E	H	Y	O	G	X
D	I	I	K	N	E	Y	U	F	K	T	V	V	U	O	I	R
P	D	O	T	O	U	T	L	E	S	P	O	R	T	T	G	A

Pour qui tu bosses ?

Vous connaissez les médias sportifs, vous connaissez les meilleurs spécialistes du football, saurez-vous les remettre ensemble ?

Daniel Riolo et Gilbert Brisbois ○	○ *Canal +*
Omar da Fonseca ○	○ *Le Monde*
Vincent Duluc ○	○ *France Télévision*
Cyril Linette ○	○ *BeIn Sport*
Nicolas Kssis-Martov ○	○ *Libération*
Philippe Auclair ○	○ *The New York Times*
Tariq Panja ○	○ *Too Goal et The Guardian*
Grégory Schneider ○	○ *So Foot*
Rémi Dupré ○	○ *BeIn Sport*
Hervé Mathoux ○	○ *RMC Sport*
Rémi Reverchon et Xavier Vaution ○	○ *PMU*
Matthieu Lartot ○	○ *L'Équipe*

RACONTER LE SPORT

Une histoire de mots

Rien ne vous échappe dans le sport. Vous êtes un spécialiste, alors montrez-le en répondant à ces questions !

1. Qu'est-ce qu'un double axel en patinage artistique ?
2. Comment appelle-t-on les techniques de clefs de bras en judo ?
3. Que signifie VAR ?
4. Comment appelle-t-on les défenseurs en football américain ?
5. Que signifie MLS ?
6. Quel est le nom utilisé pour signifier que l'on a marqué un essai en football américain ?
7. Quels sont les joueurs qui composent les arrières en rugby ?
8. Comment appelle-t-on la compétition en double mixte au tennis se jouant en Australie sur dur en fin d'année ?
9. Qu'est-ce qu'un eagle en golf ?
10. Qu'est-ce qu'un kung-fu en handball ?
11. Qu'est-ce qu'un alley-oop en basket ?

LES GRANDES **CHAMPIONNES**

Identifiez leurs disciplines

Saurez-vous identifier les grandes championnes et leur discipline en reliant leur nom à leur palmarès ?

1. Florence Arthaud ❑
2. Mary Pierce ❑
3. Cathy Freeman ❑
4. Lily Parr ❑
5. Corinne Diacre ❑
6. Althea Gibson ❑
7. Heike Drechsler ❑
8. Eunice Barber ❑
9. Michèle Mouton ❑
10. Florence Masnada ❑
11. Estelle Mossely ❑
12. Paula Radcliffe ❑
13. Jeannie Longo ❑
14. Jackie Joyner-Kersee ❑

❑ **a)** Pilote de rallye.

❑ **b)** Plus grande cycliste française ; elle a remporté 59 titres nationaux, 13 titres de championne du monde et un titre olympique aux JO d'Atlanta en 1996.

❑ **c)** Première Française championne olympique de boxe en 2016 aux JO de Rio.

❑ **d)** Navigatrice française, première femme victorieuse de la Route du Rhum en 1990.

❑ **e)** Athlète allemande, elle fut double championne olympique et double championne du monde de saut en longueur. Championne d'Europe à 5 reprises et 15 fois championne d'Allemagne, elle entre au Hall of Fame de l'athlétisme en 2004.

❑ **f)** Tenniswomen, vainqueure de l'Open d'Australie et de Roland Garros et double vainqueure de la Fed Cup.

❑ **g)** Première femme entraîneuse d'une équipe de football professionnelle masculine.

❑ **h)** Championne du monde d'heptathlon et de saut en longueur.

❑ **i)** Joueuse de football anglaise, elle est la première femme à entrer au English Football Hall of Fame, le panthéon du football britannique qui en compte aujourd'hui 7. Joueuse talentueuse, l'Association britannique de football lui a interdit la pratique du football en 1921 en raison de sa féminité.

❑ **j)** Spécialiste des épreuves combinées et du saut en longueur, l'athlète américaine est toujours détentrice du record du monde de l'heptathlon. Ancienne recordwoman du monde du saut en longueur, elle est sextuple médaillée olympique et fut élue plus grande athlète féminine du xxe siècle.

❑ **k)** Multiple championne d'Europe et du monde, détentrice du record du monde féminin du marathon avec 2 h 15 min 25 s décroché lors du marathon de Londres en 2003.

❑ **l)** Skieuse, double médaillée olympique à Albertville et Nagano et championne du monde de combiné en 1991.

❑ **m)** Tenniswoman et première joueuse afro-américaine à remporter Roland-Garros en 1956.

❑ **n)** Athlète australienne spécialiste des épreuves de vitesse et du 400 mètres, elle est championne olympique (2000) et double championne du monde de la discipline (1997 et 1999). Elle fut le visage des Aborigènes lors des Jeux de Sydney, Jeux dont elle a allumé la flamme olympique.

LA FEMME EST L'AVENIR DU SPORT...

...mais son présent est une conquête

Dans ce QCM, choisissez la bonne réponse pour montrer que le sport au féminin continue de s'imposer. (Attention plusieurs réponses sont possibles !)

Pour l'égalité face au jeu

1. Combien de femmes ont participé aux olympiades de 1900 ?

a) 0

b) 50 % des athlètes et sportifs présents.

c) 32,5 %, toutes les disciplines n'étant pas mixtes.

2. Quel sera le pourcentage de femmes participant aux JO de Tokyo en 2020 au Japon ?

a) 50 %

b) 33 %, seul un tiers des disciplines offrant une catégorie féminine.

c) 48,8 %, certaines disciplines accueillant plus de garçons et n'offrant pas le même nombre de représentants aux filles.

Pour l'égalité face aux retombées

3. Qu'ont fait les footballeuses américaines et danoises en 2017 ?

a) Elles ont lutté contre la faim dans le monde.

b) Elles ont demandé l'égalité salariale et une revalorisation par rapport aux primes des joueurs masculins de leurs sélections nationales.

c) Elles ont pris position politiquement pour l'élection d'Hillary Clinton.

Pour l'égalité et la représentativité dans les médias

4. Combien y a-t-il de femmes au commentaire des matchs internationaux masculins sur les grandes chaînes de télévision française ?

a) 0

b) 1

c) 5

5. Où sont les femmes journalistes lors des matchs de football européens ?
(Attention, plusieurs réponses sont possibles !)

a) Au bord du terrain

b) En tribune de commentateurs

c) En plateau à la présentation

d) En plateau au commentaire

e) En zone presse

6. Donnez deux noms de magazines destinés aux sportives
(Attention, plusieurs réponses sont possibles !)

a) *Women*

b) *Les Sportives*

c) *EcoGirls*

d) *Voici les filles*

e) *La Femme actuelle du sport*

f) *Les Championnes*

LE MERCATO : QUI VAUT DES MILLIONS ?

Combien tu vaux ?

Voici les footballeurs les plus chers du monde et les 10 plus gros transferts de tous les temps. Pour mesurer de l'ampleur du mercato, reliez chaque joueur à son transfert.

1 **Gareth Bale** – Pays de Galles

2 **Neymar** – Brésil

3 **Romelu Lukaku** – Belgique

4 **Gonzalo Higuain** – Argentine

5 **Paul Pogba** – France

6 **Luis Suarez** – Uruguay

7 **Ousmane Dembelé** – France

8 **Cristiano Ronaldo** – Portugal

9 **Kylian Mbappé** – France

10 **Neymar** – Brésil

a) 2017	Barcelone (Liga)	→	Paris Saint-Germain (Ligue 1)	222 M€
b) 2017	Monaco (Ligue 1)	→	Paris Saint-Germain (Ligue 1)	180 M€ (en prêt avec une option d'achat)
c) 2017	Borussia Dortmund (Bundesliga)	→	Barcelone (Liga)	105 M€ (jusqu'à 147 M€ avec bonus)
d) 2016	Juventus (Série A)	→	Manchester United (Premier League)	105 M€ (jusqu'à 110 M€ avec bonus)
e) 2013	Tottenham Hotspur (Premier League)	→	Real Madrid (Liga)	101 M€
f) 2009	Manchester United (Premier League)	→	Real Madrid (Liga)	94 M€
g) 2016	Naples (Série A)	→	Juventus (Série A)	90 M€
h) 2013	Santos (Serie A)	→	Barcelone (Liga)	88,2 M€
i) 2017	Everton (Premier League)	→	Manchester United (Premier League)	85 M€
j) 2014	Liverpool (Premier League)	→	Barcelone (Liga)	81,7 M€

LE SPORT, UNE AFFAIRE DE VALEURS

On est les champions !

Combien valent les équipes ayant participé à la dernière Coupe du monde de football ? Mettez en relation chaque équipe à la valeur que vous pensez être la sienne.

Valeur marchande d'équipes nationales ayant participé à la coupe du monde 2018 (en millions d'euros)

1. .... 1 080
2. 952
3. 756
4. 465
5. 354
6. 290
7. 197
8. 84
9. 76
10. 58
11. 42
12. 19

Arabie saoudite
Belgique • Sénégal
Tunisie • Brésil • Croatie
France • Égypte • Portugal
Costa Rica • Islande
Corée du Sud

MONDIALISATION DU SPORT :

Globe-trotteur

Le meilleur moyen de comprendre les grands équilibres du sport mondial consiste à regarder qui l'accueille et l'organise !

Quels sont les États organisateurs des JO d'été ?

Sur le planisphère, coloriez en vert les pays qui ont déjà organisé les Jeux olympiques d'été ou vont le faire ?

Parmi les critères suivants, trouvez les points communs de ces pays organisateurs.

Ces nations sont toutes des :

1. jeunes États ❑ VRAI ❑ FAUX
2. puissances économiques dans le top 15 mondial ❑ VRAI ❑ FAUX
3. pays ayant remporté au moins une fois l'Eurovision ❑ VRAI ❑ FAUX
4. pays à l'origine de nouveaux sports, futures disciplines olympiques ❑ VRAI ❑ FAUX
5. États, organisateurs des olympiades en hiver et en été ❑ VRAI ❑ FAUX
6. pays ayant une forte tradition sportive ❑ VRAI ❑ FAUX
7. pays ayant une capacité hôtelière très forte ❑ VRAI ❑ FAUX

LA CHOSE LA MIEUX PARTAGÉE DU MONDE ?

Qui joue le plus au hand ?

Sur le planisphère de la page précédente, placez une étoile rouge sur les États ayant participé aux finales du Mondial de handball masculin depuis 1938. Vous saurez ainsi sur quel continent ce sport est le plus pratiqué. Pour vous aider à trouver la réponse, lisez le tableau avec attention. Bon courage !

Année	Vainqueur	Finaliste	Score
1938	Allemagne	Autriche	TTR
1954	Suède	Allemagne unifiée	17-14
1958	Suède	Tchécoslovaquie	22-12
1961	Roumanie	Tchécoslovaquie	9-8
1964	Roumanie	Suède	25-22
1967	Tchécoslovaquie	Danemark	14-11
1970	Roumanie	Allemagne de l'Est	13-12
1974	Roumanie	Allemagne de l'Est	14-12
1978	Allemagne de l'Ouest	URSS	20-19
1982	URSS	Yougoslavie	30-27
1988	Yougoslavie	Hongrie	24-22

Année	Vainqueur	Finaliste	Score
1990	Suède	URSS	27-23
1993	Russie	France	28-19
1995	France	Croatie	23-19
1997	Russie	Suède	23-21
1999	Suède	Russie	25-24
2001	France	Suède	28-25
2003	Croatie	Allemagne	34-31
2005	Espagne	Croatie	40-34
2007	Allemagne	Pologne	29-24
2009	France	Croatie	24-19
2011	France	Danemark	37-35
2013	Espagne	Danemark	35-19
2015	France	Qatar	25-22
2017	France	Norvège	33-26
2019	Danemark	Norvège	31-22

Terres de vainqueurs

Répondez aux questions suivantes pour vérifier si vous connaissez les territoires du sport et les États producteurs de champions.

1. Quels sont les premiers exportateurs de footballeurs dans le monde ?

a) Le Qatar, l'Arabie saoudite, le Mexique
b) Le Brésil, l'Argentine et la France
c) Le Brésil, l'Italie, la France et le Royaume-Uni
d) L'Afrique subsaharienne

2. Combien y a-t-il d'étrangers en NBA, la ligue américaine de basket, pour la saison 2018-2019 ?

a) Aucun
b) 35
c) Sans les Canadiens, 62
d) 108

3. Quel est le pays qui compte le plus de champions du monde de tennis de table ?

a) L'Allemagne
b) Le Japon
c) La Chine
d) La Corée du Sud

4. Quel pays a remporté le plus de coupes Davis ?

a) Les États-Unis
b) La Chine
c) La France
d) La Grande-Bretagne
e) L'Australie

5. Quelle équipe africaine a franchi les quarts de finale des différentes épreuves de Coupe du monde de football depuis sa création en 1930 ?

a) Le Cameroun
b) La Côte d'Ivoire
c) Le Nigéria
d) Aucune
e) L'Algérie

UNE **HISTOIRE DE L'OLYMPISME** ET DE SES SYMBOLES

L'olympisme a ses symboles et ses modèles

De l'Antiquité à nos jours, quelle est leur histoire ?

Trouvez la bonne réponse parmi ces différentes propositions. Bonne chance !

1. Quand a été créé le CIO ?

a) 1896
b) 2002
c) 1798
d) 1894

2. Quels sont les premiers jeux de l'ère moderne ?

a) Les Jeux olympiques d'été de Paris
b) Les Jeux olympiques d'été d'Athènes
c) Les Jeux olympiques d'été d'Anvers

3. De quand date l'apparition du drapeau olympique ?

a) Il est conçu en 1914 et sera déployé lors des Jeux de Paris en 1924.
b) Il est conçu en 1914 et sera déployé durant la Première Guerre mondiale.
c) Il est apparu à l'occasion des Jeux de Berlin en 1936.
d) Il est conçu en 1913 et sera déployé lors des Jeux d'Anvers en 1920.

4. De quand date l'apparition de la flamme olympique ?

a) Elle n'apparaît qu'aux Jeux de Londres en 1948 pour symboliser l'espoir retrouvé.
b) Elle est utilisée dès les Jeux d'Anvers en 1920 pour montrer la lumière au sortir de la guerre.
c) Elle apparaît pour symboliser l'idéal olympique le 28 juillet 1928 lors des Jeux olympiques d'Amsterdam.
d) Elle fait son apparition lors des Jeux de Berlin en 1936.

5. À partir de quelle date le CIO a-t-il imposé l'obligation d'avoir des épreuves féminines pour les nouveaux sports olympiques ?

a) 1990
b) 1992
c) 1991
d) 2001

6. Quelle est la devise des Jeux olympiques modernes ?

a) Pour être un bon vainqueur, il faut être un bon perdant.
b) L'important est de participer mais l'essentiel est de gagner.
c) Plus vite, plus haut, plus fort.

7. Que représentent les 5 anneaux olympiques ?

a) L'union des 5 continents et la rencontre des athlètes du monde entier aux Jeux olympiques.
b) La représentation symbolique des anneaux en gymnastique et la puissance du corps.
c) La solidarité entre athlètes et par extension entre les êtres humains du monde entier.

L'HISTOIRE DES JO AU FÉMININ

Sportives : elles ont marqué l'histoire !

Identifiez les grandes femmes qui ont fait la légende du sport mondial d'hier et d'aujourd'hui.

À vous de mettre en relation l'athlète à son palmarès.

Kathrine Switzer

Suzanne Lenglen

Billie Jean King

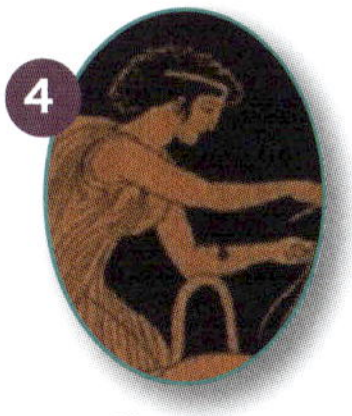

Kyniska (ou Cynisca) de Sparte

Betty Robinson

Les sœurs Williams

- ❍ a) Ce fut la première femme de l'histoire à gagner un prix aux Jeux olympiques antiques en 396 av. J-C en remportant la course de chars à quatre chevaux. Elle est également la première femme à posséder sa propre écurie.
- ❍ b) Numéro un mondiale de tennis, elle fut une militante du sport au féminin et fut à l'origine de sa professionnalisation, tout en remportant 39 titres du Grand Chelem en simple et en double.
- ❍ c) Première femme à avoir couru le marathon de Boston avec un dossard en 1972 et vainqueure du marathon de New York en 1974.
- ❍ d) Sœurs et rivales, elles ont révolutionné le tennis féminin. Entraînées par leur père, elles cumulent à elles deux 62 titres du Grand Chelem en simple, double et double mixte.
- ❍ e) Championne américaine, c'est la première athlète à remporter le 100 mètres en 12'12''.
- ❍ f) Surnommée la divine et première star du sport au féminin, elle a remporté 241 titres dans sa carrière et gagné à six reprises les tournois de Roland Garros et de Wimbledon.

LES GRANDS ACTEURS DU SPORT MONDIAL

Qui est qui ?

Saurez-vous identifier les grands acteurs du sport mondial d'hier et d'aujourd'hui ? À vous de mettre en relation le portrait avec sa fonction.

1

Roxana Maracineanu

2

Thomas Bach

3

Gianni Infantino

4

Nathalie Boy de la Tour

5

David Stern

6

Joao Havelange

7

Jean Todt

8

Aleksander Ceferin

- Présidente de la Ligue de football professionnel
- Président de l'UEFA
- Ancien président de la FIFA
- Ministre français des sports
- Président de la FIFA
- Président du comité international olympique (CIO)
- Président de la FIA
- Commissioner historique de la NBA

LE SPORT POUR **COMPRENDRE L'HOMME**

Le sport est partout

Le sport est un formidable moyen de comprendre l'homme dans sa complexité. Il sert de grille d'analyse du comportement humain dans des domaines variés.

Mettez en correspondance la citation et le domaine en question.

1 « Le plaisir de la lutte et de l'agressivité trouve un exutoire socialement admis dans la compétition sportive. Cela apparaît surtout dans le côté spectacle, dans l'attitude de rêve éveillé des spectateurs d'un combat de boxe qui s'identifient à ces quelques rares personnes auxquelles on a accordé le droit limité et strictement codifié de donner libre cours à leur agressivité. »
Norbert Elias, *La Civilisation des mœurs*, Pocket, 2003.

2 « Ne me jugez pas sur mes succès, jugez-moi sur le nombre de fois où je suis tombé et où je me suis relevé à nouveau. »
Nelson Mandela.

3 « Le sport est dépassement de soi. Le sport est école de vie. »
Aimé Jacquet.

4 « Si la France brille à l'étranger par ses penseurs, ses savants, ses artistes, elle doit aussi rayonner par ses sportifs. Un pays doit être grand par la qualité de sa jeunesse et on ne saurait concevoir cette jeunesse sans un idéal sportif. »
Général de Gaulle après l'échec des Jeux olympiques d'été de 1960.

5 « Malraux avait tort. Le XXIe siècle ne sera pas religieux avant tout : il sera sportif. Nous sommes entrés dans l'ère du sport mondialisé. Le sport est devenu le nouveau terrain d'affrontement "pacifique et régulé" des États. C'est la façon la plus visible de montrer le drapeau, d'être un point sur la carte du monde et d'exister aux yeux de tous. Lorsque la globalisation efface les identités nationales, le sport devient le moyen le plus efficace pour ressouder la nation, autour d'un projet commun et fédérateur. Le sport, aujourd'hui, c'est bien plus que du sport. »
Pascal Boniface, *Géopolitique du sport*, A. Colin, 2014.

6 « Les Anglais ont inventé le foot, les Français l'ont organisé, les Italiens le mettent en scène. »
Éric Cantona.

- Éducation et sport
- Histoire du sport
- Géopolitique du sport
- Sociologie du sport
- Sport et santé
- Géopolitique du sport

LES PLUS GRANDS **SCANDALES OLYMPIQUES**

L'histoire des boycotts

Pour y voir plus clair dans les heures sombres du sport, à vous de trouver la bonne réponse parmi les différentes propositions ou/et de compléter les textes à trous.

Savez-vous quelles sont les raisons des boycotts des olympiades suivantes ? Complétez ces textes à trous pour trouvez les réponses.

- Los Angeles 1984 a été boycotté par les Russes et les pays satellites de l'URSS après ....
- Moscou 1980 a été boycotté par le camp occidental en raison de ....
- Montréal 1976 a été boycotté par vingt-deux États africains en raison de l'absence de sanctions à l'encontre de la Nouvelle-Zélande. Cette dernière avait joué en ...., rompant l'isolement international lié à ....

a) Afrique du Sud avec son équipe de rugby

b) le boycott occidental des Jeux de Moscou en 1980

c) la politique d'apartheid

d) l'invasion de l'Afghanistan par l'URSS en 1979

Dopages et corruption

Savez-vous quels sont les grands scandales de l'ère olympique ?
À vous de relier les auteurs à leur méfait.

Cas 1
Record du monde du 100 mètres en 9' 79" et médaille d'or retirés pour prise d'anabolisants ○

Cas 2
Hans-Gunnar Liljenwall lors des Jeux de Mexico ○

Cas 3
Kristin Otto, nageuse est-allemande ○

Cas 4
JO d'hiver de Salt Lake City en 2002 ○

○ **a)** Six titres olympiques conquis lors des Jeux de Séoul en 1988 et aucun retiré après un contrôle antidopage pratiqué plus de vingt ans après et affichant des taux trois fois supérieurs aux limites autorisées.

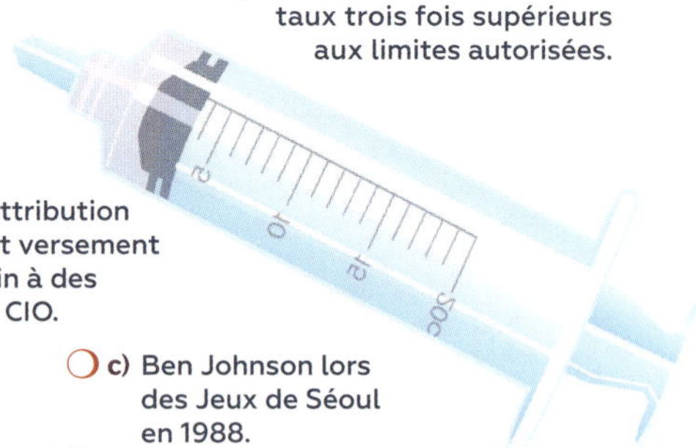

○ **b)** Scandale d'attribution corrompue et versement de pots de vin à des membres du CIO.

○ **c)** Ben Johnson lors des Jeux de Séoul en 1988.

○ **d)** Médaille de bronze du pentathlon moderne retirée pour consommation d'alcool.

LE SPORT, UNE AFFAIRE DE **GROS SOULIERS**

Nike, l'aile de la victoire

Serez-vous capable d'associer sur le Swoosh les 5 dates et les 5 produits et contrats emblématiques de Nike ?

Dates importantes (seules les dates en rouge doivent trouver leur place sur le Swoosh) :
1964, 1971, **1972**, **1982**, 1984, 1985, **1987**, 1988, **2016**, 2018.

Produits et contrats marquants (seuls les éléments en vert sont à placer sur l'aile de Nike) :
création de Nike, création de la Nike Air Max One, **création de la Nike Air Jordan**, signature LeBron James pour un contrat à vie, création de Blue Ribbon, **création de la Jordan Brand**, sortie des Cortez, **signature du partenariat entre Nike, le PSG et Jordan Brand**, création de la Nike Air Force 1, **signature du contrat avec Michael Jordan**, création de la Nike Air Max One.

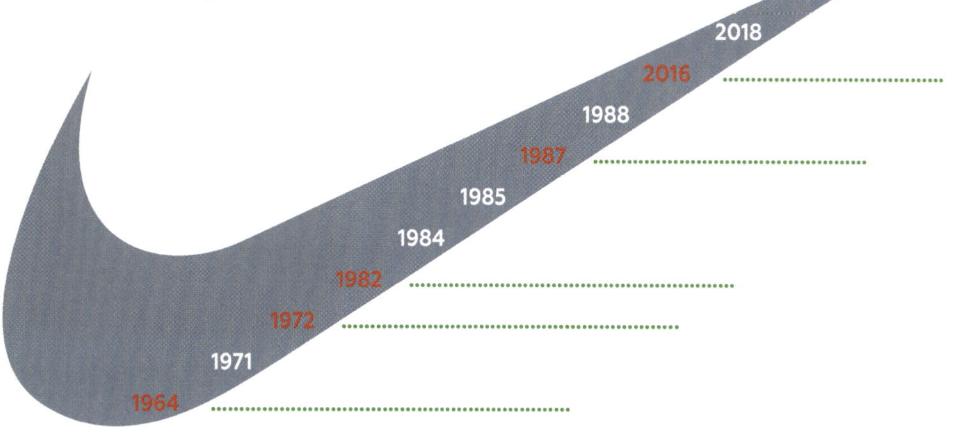

Vous êtes dans les tribunes !

Parmi ces acronymes, saurez-vous trouver les trois qui correspondent à la défense de vos intérêts d'étudiants en STAPS et donner leur sens ?

1. C3D
2. ANESTAPS
3. BDE STAPS
4. C3PO
5. FDJ
6. CIC
7. UNEFOLILEP

Parlez-vous sport ?

Que signifient les termes et acronymes suivants ?

1. *Luxury tax*
2. *Free agency*
3. *Salary Cap*
4. FPF
5. DNCG
6. TAS
7. CIES
8. CDES

LES **CORRIGÉS**

UNE CERTAINE VISION DU SPORT

À vous de trouver

1. **a** Jean Giraudoux
2. **b** Pierre de Coubertin
3. **d** Maurice Druon
4. **f** Aimé Jacquet
5. **c** Georges Orwell
6. **e** Pierre de Coubertin

LE SPORT AUJOURD'HUI !

Le sport est pluriel

Horizontal

1. Compétition
2. Spectacle
3. Fédérations
4. Histoire
5. Jeu

Vertical

1. Médias
2. Loisir
3. Corps
4. Valeurs
5. Économie
6. Droit

LA MYTHOLOGIE ET LE SPORT

Sois le dieu du sport

1. **a**
2. **c**
3. **c**
4. **a**
5. **b**
6. **a**
7. **b**
8. **a**
   Louis-François-Sébastien Fauvel a été plus heureux dans un second voyage qu'il a fait en 1787. Il a retrouvé l'hippodrome, le stade, le théâtre et le temple de Jupiter et il en a dessiné les plans. Ernst Curtius obtient en 1874 du gouvernement grec des droits de fouilles exclusifs pour l'Institut d'archéologie sur le site d'Olympie, ce qui permet à son équipe de conduire des fouilles à grande échelle. C'est sous sa direction que la plupart des monuments prestigieux d'Olympe sont fouillés, entre 1875 et 1881, et que sont mis au jour le temple d'Héra, le grand autel de Zeus et le site du stade olympique.
9. **b**

LE STADE, LIEU DU SPORT ET DU SPECTACLE SPORTIF

Méli, mélo

E	B	C	N	O	O	S	S	Q	H	O	S	N	Y	P	E
A	U	F	L	Z	I	U	P	I	O	B	B	F	D	S	W
X	S	E	T	D	N	P	E	S	S	Y	Y	C	I	B	L
U	P	N	E	V	Y	P	C	C	P	B	M	I	D	C	K
U	L	T	R	A	S	O	T	U	I	U	Z	P	E	C	Z
O	E	P	P	Y	O	R	A	N	T	P	E	E	I	W	P
U	L	C	E	Q	Y	T	C	R	A	J	O	T	C	Y	B
Z	I	H	C	I	V	E	L	F	L	G	F	P	E	A	J
O	Y	A	A	H	R	U	E	T	I	A	U	E	H	V	Q
W	M	M	F	I	I	R	X	E	T	A	L	Y	N	E	N
E	U	P	U	A	V	S	Y	E	E	N	P	P	E	M	F
X	A	I	V	L	K	N	E	I	S	B	Y	H	C	Z	E
M	Q	O	S	P	O	R	T	A	I	N	M	E	N	T	T
C	L	N	O	Y	T	U	R	G	A	D	M	M	P	I	E
F	U	H	S	A	R	Z	H	P	A	S	S	I	O	N	N
C	O	N	N	E	C	T	E	L	E	V	I	S	I	O	N

MUSCLEZ VOTRE JEU

Encore un peu de vocabulaire

1. L'os sur lequel est attaché le muscle.
2. Le périmysium est une gaine conjonctive qui sépare les différents faisceaux des muscles striés.
3. Un vaisseau sanguin.
4. Une fibre musculaire.
5. Un faisceau musculaire est un ensemble de fibres musculaires que des tissus conjonctifs réunissent.
6. L'endomysium entoure chaque fibre musculaire.
7. L'épimysium recouvre l'ensemble du muscle.
8. Le tendon musculaire.

Quizz

1. **b** et **c**
2. **a**
3. **a**
4. **b**
5. **c**
6. **d**

RESPIRE, RESPIRE !

Inspirez...

1. Cavité nasale
2. Narines
3. Cavité buccale
4. Larynx
5. Bronche principale droite
6. Poumon droit
7. Pharynx
8. Trachée
9. Plèvre
10. Bronche principale gauche
11. Base du poumon gauche
12. Diaphragme

Expirez...

1. Inspiration
2. La poitrine se dilate.
3. Les muscles intercostaux se contractent.
4. Le diaphragme se contracte.
5. Expiration
6. La poitrine se contracte.
7. Les muscles intercostaux se détendent.
8. Le diaphragme se détend.

STRENGTHEN IN NUMBERS

Qui sur le podium ?

1. Les records du monde du 100 mètres sont actuellement détenus par le jamaïcain Usain Bolt avec le temps de 9' 58", établi le 16 août 2009 en finale des championnats du monde à Berlin en Allemagne, et par l'américaine Florence Griffith-Joyner, créditée de 10' 49" le 16 juillet 1988 lors des quarts de finale des sélections olympiques américaines d'Indianapolis aux États-Unis.
2. Le sud-africain Wayde van Niekerk détient le record du monde du 400 mètres avec un temps de 43' 03", établi le 14 août 2016 aux Jeux olympiques d'été de 2016 au Brésil.
3. Les records du monde du marathon sont actuellement détenus par le kényan Eliud Kipchoge avec le temps de 2 h 1 min 39 s établi le 16 septembre 2018 lors du marathon de Berlin, en Allemagne, et par la britannique Paula Radcliffe, créditée de 2 h 15 min 25 s le 13 avril 2003 lors du marathon de Londres au Royaume-Uni.

4. Michael Phelps est le sportif le plus titré et le plus médaillé de l'histoire des Jeux olympiques avec 28 médailles, dont 23 d'or remportées entre 2004 et 2016. Il est également le nageur le plus titré de l'histoire des championnats du monde de natation en grand bassin avec 26 médailles d'or remportées entre 2001 et 2011.
5. 100, par Wilt Chamberlain, contre les Knicks de New York le 2 mars 1962.
6. 14, par Klay Thompson (Warriors de Golden State) contre les Bulls de Chicago le 29 octobre 2018.
7. 6 Champion NBA : 1991, 1992, 1993, 1996, 1997, et en 1998 avec les Bulls de Chicago.
8. 13 bagues, deux en tant que joueur en 1970 et 1973 et 11 en tant qu'entraîneur (6 avec les Bulls de Chicago et 5 avec les Lakers de Los Angeles).
9. 3 bagues NBA en 2012 et 2013 avec Miami, et en 2016 avec Cleveland.
10. Le Real Madrid avec douze titres.
11. Zinédine Zidane.

LE SPORT, OPIUM DU PEUPLE ?

Top 10 des fans de foot

1. **e**
2. **c**
3. **a**
4. **f**
5. **h**
6. **b**
7. **i**
8. **j**
9. **g**
10. **d**

Et voici le classement par ordre décroissant :

1. PSG : 33 000 supporters
2. Marseille : 32 681
3. Lille : 23 000
4. Lyon : 19 449
5. Strasbourg : 16 076
6. Saint-Étienne : 14 507
7. Nice : 14 500
8. Caen : 11 000
9. Bordeaux : 10 632
10. Metz : 10 500

La tête à l'envers

1. « La plupart des **sociétés humaines** proposent des mesures pour se protéger contre ces **tensions** qu'elles créent **elles-mêmes**. Dans les sociétés ayant atteint un **niveau** relativement avancé de **civilisation** [...] il existe une grande variété d'activités de **loisir**, dont le **sport**, qui a précisément cette **fonction**. »
Norbert Elias & Éric Dunning, *Sport et civilisation. La Violence maîtrisée*, Fayard, Paris 1986.
2. « [...] Les affrontements sportifs, surtout en **football**, dopés par les enjeux **financiers extravagants** et exacerbés par les **rivalités** nationales ou régionales, débouchent de plus en plus fréquemment sur de graves **actes** de **violences** sur les terrains (injures racistes, agressions délibérées, blessures) et sur des débordements **criminels** dans les gradins et autour des stades. Il suffit de suivre attentivement la chronique des **incidents**, **échauffourées**, bagarres, **provocations**, émeutes liées au football, pour comprendre qu'il ne s'agit plus d'un **"jeu"**, mais bel et bien d'une forme de **guerre civile** ou de **haine militante**. »
Jean-Marie Brohm, « Le spectacle sportif, une aliénation de masse », *Mediapart*, avril 2013.

MÉDIAS ET ÉMISSIONS DE SPORT EN FRANCE

Micmac à la rédaction

B	H	O	H	Q	U	R	X	Z	F	G	E	N	I	E	M	I
D	E	E	T	O	S	W	I	Y	R	K	C	E	E	G	A	Y
E	H	I	I	E	T	K	P	X	A	L	O	K	N	U	T	G
N	O	M	N	E	I	E	Z	E	N	E	F	T	T	D	M	N
H	B	E	M	S	N	A	N	C	C	S	O	Z	T	O	E	Q
P	S	A	U	I	P	O	S	X	E	S	O	H	K	Y	B	R
A	F	T	E	R	F	O	O	T	F	P	T	N	I	Y	A	K
R	T	P	E	X	A	C	R	L	O	O	R	A	A	E	Z	L
I	U	A	R	U	T	J	R	T	O	R	R	S	D	J	P	O
S	R	X	J	M	A	R	R	A	T	T	F	I	U	E	Q	W
U	B	S	T	I	C	A	A	I	B	I	E	I	T	Q	Z	U
N	O	A	U	Y	F	S	U	C	A	V	E	S	S	S	E	U
I	A	P	A	U	Q	O	P	Q	L	E	U	M	O	O	Q	P
T	E	L	E	F	O	O	T	O	L	S	Z	F	X	F	H	P
E	E	J	Z	E	L	L	X	K	R	O	E	H	Y	O	G	X
D	I	I	K	N	E	Y	U	F	K	T	V	V	U	O	I	R
P	D	O	T	O	U	T	L	E	S	P	O	R	T	T	G	A

Pour qui tu bosses ?

- Daniel Riolo et Gilbert Brisbois – ***RMC Sport***
- Omar da Fonseca – ***BeIn Sport***
- Vincent Duluc – ***L'Équipe***
- Cyril Linette – ***PMU***
- Nicolas Kssis-Martov – ***So Foot***
- Philippe Auclair – ***Too Goal*** et ***The Guardian***
- Tariq Panja – ***The New York Times***
- Grégory Schneider – ***Libération***
- Rémi Dupré – ***Le Monde***
- Hervé Mathoux – ***Canal +***
- Rémi Reverchon et Xavier Vaution – ***BeIn sport***
- Matthieu Lartot – ***France Télévisions***

RACONTER LE SPORT

Une histoire de mots

1. Un double axel est une figure de base des programmes de patinage qui consiste en un saut avec deux vrilles en l'air.
2. Kansetsu-waza est le nom japonais des techniques de clefs de bras en judo.
3. VAR signifie Video Assistant Referee ; c'est l'assistance vidéo dans le football.
4. Dans les équipes défensives du football américain, les défenseurs sont des linebackers, des defensive ends, des corner backs et des defensive tackles.
5. MLS signifie Major League Soccer ; c'est la ligue professionnelle américaine de football.
6. Un essai en NFL, la ligue de football américain, s'appelle un touchdown.
7. Les joueurs qui composent les arrières en rugby sont l'arrière, les demis de mêlée et les trois-quarts.
8. La compétition en double mixte au tennis se jouant en Australie sur dur en fin d'année s'appelle la Hopman Cup.
9. Au golf, un eagle est un trou en un coup.
10. Un kung-fu est une passe en l'air qui conduit à un tir au but.
11. Un alley-oop est une passe en l'air qui conduit à un dunk, c'est-à-dire un smash sur l'arceau du panier.

LES GRANDES CHAMPIONNES

Identifiez leurs disciplines

1. **d**
2. **f**
3. **n**
4. **i**
5. **g**
6. **m**
7. **e**
8. **h**
9. **a**
10. **l**
11. **c**
12. **k**
13. **b**
14. **j**

LES **CORRIGÉS**

LA FEMME EST L'AVENIR DU SPORT...

...mais son présent est une conquête

1. **a**
2. **c**
3. **b**
4. **a**
5. **a. d. e.**
6. **a. b.**

LE MERCATO : QUI VAUT DES MILLIONS ?

Combien tu vaux ?

1. **e**
2. **a**
3. **i**
4. **g**
5. **d**
6. **j**
7. **c**
8. **f**
9. **b**
10. **h**

LE SPORT, UNE AFFAIRE DE VALEURS

On est les champions !

1. France
2. Brésil
3. Belgique
4. Portugal
5. Croatie
6. Sénégal
7. Égypte
8. Corée du Sud
9. Islande
10. Tunisie
11. Costa Rica
12. Arabie saoudite

MONDIALISATION DU SPORT, LA CHOSE LA MIEUX PARTAGÉE DU MONDE ?

Globe-trotteur

En vert, sur le planisphère, les États organisateurs des JO d'été.

Voici la liste des États organisateurs des Jeux olympiques d'été :
1896 : Grèce ; 1900 : France ; 1904 : États-Unis ; 1906 : Grèce ; 1908 : Grande-Bretagne ; 1912 : Suède ; 1916 : Allemagne (Jeux annulés en raison de la Première Guerre mondiale) ; 1920 : Belgique ; 1924 : France ; 1928 : Pays-Bas ; 1932 : États-Unis ; 1936 : Allemagne ; 1940 : Finlande (Jeux annulés en raison de la Seconde Guerre mondiale) ; 1944 : Grande-Bretagne (Jeux annulés en raison de la Seconde Guerre mondiale) ; 1948 : Grande-Bretagne ; 1952 : Finlande ; 1956 : Australie ; 1960 : Italie ; 1964 : Japon ; 1968 : Mexique ; 1972 : Allemagne ; 1976 : Canada ; 1980 : URSS ; 1984 : États-Unis ; 1988 : Corée du Sud ; 1992 : Espagne ; 1996 : États-Unis ; 2000 : Australie ; 2004 : Grèce ; 2008 : Chine ; 2012 : Grande-Bretagne ; 2016 : Brésil ; 2020 : Japon.

Sur le planisphère, les pays avec une étoile rouge sont ceux qui jouent le plus au hand.

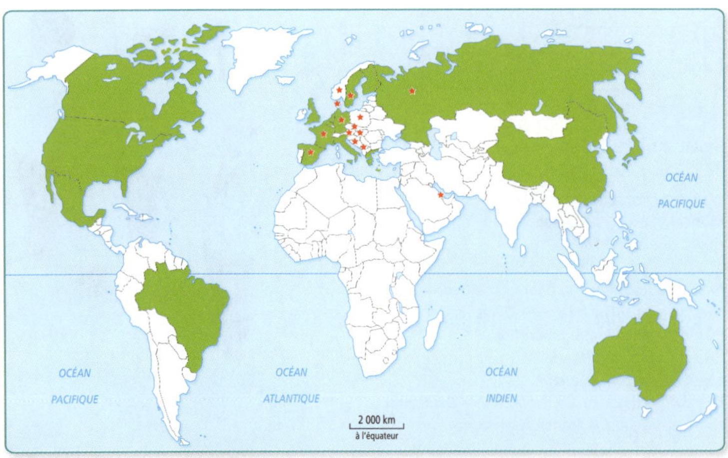

Les points communs des pays organisateurs :

1. **Faux**
2. **Vrai**
3. **Faux**
4. **Vrai**
5. **Faux**
6. **Vrai**
7. **Faux**

Qui joue le plus au hand ?

Pour trouver la réponse, regardez les pays coloriés en vert sur le planisphère. C'est en Europe que l'on pratique le plus le handball.

Terres de vainqueurs

1. **b**
2. **d**
3. **c**
4. **a**
5. **d**

UNE HISTOIRE DE L'OLYMPISME ET DE SES SYMBOLES

L'olympisme a ses symboles et ses modèles

1. **d**
   Pierre de Coubertin fonde à Paris en 1894 le Comité international olympique (CIO). Le nouveau Comité se fixe comme objectif d'organiser les premiers Jeux olympiques de l'ère moderne.
2. **b**
3. **d**
4. **c**
5. **c**
6. **c**
7. **a**
   « Le drapeau olympique, on le sait, est tout blanc avec, au centre, cinq anneaux enlacés :

bleu, jaune, noir, vert, rouge ; l'anneau bleu en haut et à gauche à côté de la hampe. Ainsi dessiné, il est symbolique ; il représente les cinq parties du monde unies par l'olympisme et ses six couleurs d'autre part reproduisent celles de tous les drapeaux nationaux qui flottent à travers l'univers de nos jours. » (Pierre de Coubertin.)

L'HISTOIRE DES JO AU FÉMININ

Sportives : elles ont marqué l'histoire !

1. **c**
2. **f**
3. **b**
4. **a**
5. **e**
6. **d**

LES GRANDS ACTEURS DU SPORT MONDIAL

Qui est qui ?

1. Roxana Maracineanu : ministre française des Sports
2. Thomas Bach : président du Comité international olympique (CIO)
3. Gianni Infantino : président de la FIFA
4. Nathalie Boy de la Tour : présidente de la Ligue de football professionnel
5. David Stern : commissioner historique de la NBA
6. Joao Havelange : ancien président de la FIFA
7. Jean Todt : président de la FIA
8. Aleksander Ceferin : président de l'UEFA

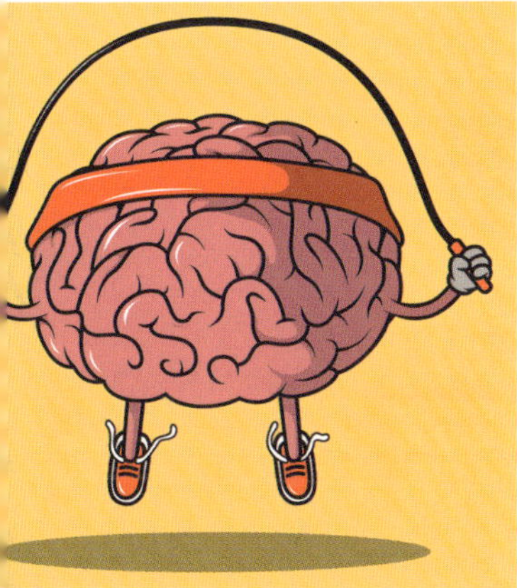

LE SPORT POUR COMPRENDRE L'HOMME

Le sport est partout

1. Sociologie du sport
2. Éducation et sport
3. Sport et santé
4. Géopolitique du sport
5. Géopolitique du sport
6. Histoire du sport

LES PLUS GRANDS SCANDALES OLYMPIQUES

L'histoire des boycotts

Los Angeles 1984 a été boycotté par les Russes et les pays satellites de l'URSS après le **boycott occidental des Jeux de Moscou en 1980**.
Moscou 1980 a été boycotté par le camp occidental en raison de **l'invasion de l'Afghanistan par l'URSS en 1979**.
Montréal 1976 a été boycotté par vingt-deux États africains en raison de l'absence de sanctions à l'encontre de la Nouvelle-Zélande. Cette dernière avait joué en **Afrique du Sud avec son équipe de rugby**, rompant l'isolement international lié **à la politique d'apartheid**.

Dopages et corruption

- Cas 1 : **c**
- Cas 2 : **d**
- Cas 3 : **a**
- Cas 4 : **b**

LE SPORT, UNE AFFAIRE DE GROS SOULIERS

Nike, l'aile de la victoire

- Création de Blue Ribbon – **1964**
- **Création de Nike** – 1971
- Sortie des Cortez – **1972**
- Création de la Nike Air Force 1 – **1982**
- **Signature du contrat avec Michael Jordan** – 1984
- **Création de la Nike Air Jordan** – 1985
- Création de la Nike Air Max One – **1987**
- **Création de la Jordan Brand** – 1988
- Signature LeBron James pour un contrat à vie – **2016**
- **Signature du partenariat entre Nike, le PSG et Jordan Brand** – 2018

Vous êtes dans les tribunes !

1. Conférence des directeurs et doyens de STAPS.
2. Association nationale des étudiants en STAPS.
3. Bureau des étudiants en STAPS.

Les acronymes 4, 5, 6 et 7 sont de pures inventions.

Parlez-vous sport ?

1. ***Luxury tax* :** c'est la taxe qu'une équipe doit verser quand le plafond salarial fixé par sa ligue est dépassé. Son calcul est simple : pour un dollar dépensé, un dollar doit être versé.
2. ***Free agency* :** c'est le statut d'un joueur qui est libéré des obligations de son contrat vis-à-vis de son club et qui peut s'engager avec n'importe quel autre club de son choix à ses conditions.
3. ***Salary Cap* :** c'est le plafond salarial maximal que ne peut dépasser une équipe, sauf à s'exposer au paiement d'une luxury tax.
4. **FPF :** c'est le fair-play financier qui a pour but en Europe de limiter l'endettement des clubs de football et d'instaurer une relative équité face aux différents propriétaires des clubs concernés.
5. **DNCG :** c'est la Direction nationale du contrôle de gestion, l'institution qui examine les budgets des clubs de Ligue 1 et 2 pour les autoriser à participer aux compétitions en fonction de leur santé financière.
6. **TAS :** c'est le tribunal arbitral du sport, qui est chargé de régler les litiges et les différends entre les nombreux acteurs du sport. Sa modération intervient dans les problèmes de transfert ou les tensions autour du fair-play financier.
7. **CIES :** c'est le Centre international d'études sportives, l'un des observateurs économiques les plus avisés du sport professionnel, notamment du football.
8. **CDES :** le Centre de droit et d'économie du sport de Limoges est l'un des observateurs les plus réputés de l'économie du sport en France.

Studyrama
Réussir son avenir

Composition : Alexandre de Gassowski & Loïc Pennanéac'h
Édition : Deborah Lopez , Myriam Pasek
Imprimé en France en octobre 2019 par l'imprimerie SEPEC - 01960 Péronnas
ISBN : 978-2-7590-4159-6 Numéro d'impression : 10803190909

PEFC **10-31-1470 / Certifié PEFC** / Ce produit est issu de forêts gérées durablement et de sources contrôlées. / pefc-france.org